共和国科学英才

核物理学家何泽慧

元 吉/著　　桃 染/绘

广西科学技术出版社

·南宁·

图书在版编目（CIP）数据

核物理学家何泽慧 / 元吉著；桃染绘 . —南宁：广西科学技术出版社，2024.1

（共和国科学英才）

ISBN 978-7-5551-2128-2

Ⅰ . ①核… Ⅱ . ①元… ②桃… Ⅲ . ①何泽慧（1914—2011）—生平事迹 Ⅳ . ① K826.11

中国国家版本馆 CIP 数据核字（2024）第 023895 号

HEWULIXUEJIA HE ZEHUI

核物理学家何泽慧

元 吉 著 桃 染 绘

策　　划：赖铭洪　　　　　　　　责任校对：池庆松
责任编辑：罗　风　　　　　　　　助理编辑：谢艺文
封面设计：梁　良　　　　　　　　责任印制：韦文印

出 版 人：梁　志　　　　　　　　出版发行：广西科学技术出版社
社　　址：广西南宁市东葛路 66 号　邮政编码：530023
网　　址：http://www.gxkjs.com　　编 辑 部：0771-5864716
印　　刷：广西民族印刷包装集团有限公司
开　　本：889 mm × 1194 mm　　1/16
字　　数：68 千字　　　　　　　　印　　张：3
版　　次：2024 年 1 月第 1 版　　　印　　次：2024 年 1 月第 1 次印刷
书　　号：ISBN 978-7-5551-2128-2
定　　价：39.80 元

作为一名科学家，本来就应该朴素、真实、勤奋、诚实、讲真话。

　　我只是做了应该做的事情而已，只不过比别人做得踏实了些、认真了些、刻苦了些。

——何泽慧

　　苏州东南的十全街阔家头巷内有一座历史文化名园——网师园，曾是她家的私家园林，园内景色宜人，芭蕉翠竹、花苑回廊、古玩书画应有尽有，连美国纽约大都会艺术博物馆展出的仿中国古典园林的"明轩"都是以网师园殿春簃为蓝本。

　　然而，她和兄弟姐妹把网师园及1000多件稀有藏品都无偿捐给了国家。她和家人始终住在北京四环中关村一幢20世纪50年代的灰色老旧住宅楼里，狭窄的房间被堆满书籍、报刊、笔记本的书架和办公桌占了大半，家中目之所及几乎都是用了几十年的老旧物件。

　　她喜欢修旧利废，把碎皮子拼接后装上拉链、隔出大小夹层，缝成钱包；在旧牙刷柄上刻上名字，制成一枚印章；将串糖葫芦的竹签刀削、抛光，烤制成精致的挖耳勺……

　　她绾着简单的发髻，穿着洗得发白的工作服，背着破旧的小背包，坐着班车去上班。她立足常规，着眼新奇，改进实验设备，创新实验方法，测量中子通量、裂变截面……一直工作到90多岁。

　　她说："物尽其用才是真理，这符合世界发展的规律。"她就是我国著名核物理学家何泽慧。

何泽慧于 1914 年 3 月 5 日生于江苏苏州，祖籍山西灵石。灵石两渡村的何氏家族是科举望族，官宦世家。她的父亲何澄，1901 年东渡日本求学，1905 年加入中国同盟会，后投身教育事业。母亲王季山，成长于科举世业转向科学报国的名门望族。外祖母王谢长达，创立了苏州振华女校，一生致力于维护女权。王家满门英才，其后嗣多为物理、机械工程、教育等领域的专家。何泽慧就是在这样一个始终把家族命运与国家、民族命运紧密联系在一起的大家庭中成长起来的。

苏州十全街的"灵石何寓",是何泽慧的家,也是何澄为家人精心打造的苏州园林式宅邸,园内层楼叠榭,绿树成荫。典雅幽静的成长环境,对何泽慧处世淡泊、为人谦逊性格的形成大有裨益。今天,我们还能从一些老照片中捕捉到何泽慧小时候在花园中与兄弟姐妹在一起时无忧无虑的生活场景,照片里的何泽慧清雅恬静。

虽家境优裕,但何澄夫妇克勤克俭,注重培养子女的动手能力,引导子女立下报国志向,努力"学习外国强项"。

　　1920年，何泽慧入读由外祖母创办的苏州振华女校。民国时期，振华女校的课程设置和办学理念都很先进，不仅重视音乐、体育、美术等具有育人功能课程的设置，而且突出数理强国的人才培养目标，并与国际接轨，数理化课程都采用英文原版教材。何泽慧不仅各科成绩优异，还积极主动参加文艺、体育等各项活动。1931年，何泽慧参加江苏省运动会，她与队友团结协作，并肩作战，一举夺得女排冠军。

　　在振华女校十二年的求学时光里，让何泽慧印象最深的当数学校每周六举办的智力竞赛。竞赛时，主持人念完一遍资料后立即提出问题，学生要凭着记忆与快速心算马上给出答案。在这种较量中，何泽慧经常拔得头筹。这种经常性的高难度训练极大激发了她的思维活力。

　　何泽慧的业余时间几乎都在振华女校的图书馆中度过。她喜欢做系列收集，如对于"最小"系列，她整理并掌握了世界上最小的马、最小的自来水笔、最小的共和国等知识。

　　高中时，何泽慧加入了壬申级级友会，级训为"仁慈明敏"，其中"仁"的含义阐发为：不能只顾个人享乐、一家平安，要有团队合作意识，更要有家国天下的社会责任感。1931年10月，日本海军陆战队登陆上海，何泽慧写了《日本陆战队若到了苏州我们应持怎样的态度》一文，发表在校刊上，抨击了那些在遭遇列强欺凌时一味示弱的人，表明了救国救同胞的坚定立场。

1932 年 1 月 28 日，日本又在上海悍然挑起战争，制造了一·二八事变，国民党当局与日本签订了《淞沪停战协定》，允许日军驻留上海。民族危机不断加深，这让何泽慧科学报国的目标更加坚定了。她曾说，她念什么专业都没问题，国家需要什么她就学什么。高中毕业后，她以优异的成绩考取了清华大学物理系。当时清华大学物理系主任对女生学物理有些偏见，试图让她放弃物理专业，但何泽慧据理力争，直言男生能做到的女生也能做到，最后成功留在了物理系。

何泽慧心无旁骛，凭着聪明才智和勤奋努力，不仅成为清华物理系该届（第八级）十名毕业生之一，而且她的论文还以九十分的高分排在了班级第一。从老照片中，我们依稀能领略到何泽慧在清华读书时靓丽而从容的风采，那时的她梳着两条又粗又黑的麻花辫，脸上带着恬静的微笑。

叶企孙、萨本栋、周培源、赵忠尧、吴有训等著名物理学家云集清华，他们的课程高屋建瓴，理论与实验并重，这为何泽慧以后的物理学成就厚植了实验物理的底色。1935年华北事变爆发，以一二·九运动为起点，全国掀起抗日救亡运动新高潮。国难当头，周培源教授为了激发学生学以致用的热情，新增"弹道学"课程，何泽慧对这门课程产生了浓厚的兴趣。

　　1936 年，学校组织物理系大四学生进行毕业参观。在开往南京的火车上，日本人将倾销到中国的人造丝堆在座位上，不让中国人入座，何泽慧和同学只能站在拥挤不堪的车厢过道里。何泽慧暗下决心，一定学好弹道学，将来狠狠打击日本侵略者。从此，这个年轻人科学救国的志向有了更稳健的着力点。

1936 年秋，何泽慧申请到德国柏林高等工业学院（今柏林工业大学）留学。克兰茨教授是现代弹道学的开创者，当时，他以德国军工技术保密和不收女生为由，拒绝接收何泽慧入读实验弹道学专业。何泽慧说，我的国家正遭受日本侵略，人民生活在水深火热之中，我远道而来，就是要学习弹道学，以科学为武器赶走日本侵略者。克兰茨教授被她的爱国精神打动，破例收下了这位中国女学生。

1940 年，26 岁的何泽慧获得了博士学位。她的博士论文《一种新的精确简便测量子弹飞行速度的方法》，让外国学者对这个中国女孩刮目相看。当时正是战争时期，德国封锁边境，不许任何人离开德国，何泽慧只好先到西门子公司的一个实验室工作。其间，她认识了曾是西门子公司驻华负责人的拉贝先生。当拉贝先生把大量真实记录日军在南京制造的惨绝人寰的大屠杀照片拿给何泽慧看时，她泪如泉涌，悲愤填膺。何泽慧心系多灾多难的祖国，每日枕戈泣血，归心似箭。

1943 年，何泽慧到海德堡的威廉皇帝医学研究院开展核物理研究，指导她的博特教授（1954 年诺贝尔物理学奖获得者）认为，最理想的实验装置是实验目的达成后装置便坏掉，这种力求实验装置简单灵活的理念对何泽慧产生了很大影响。1945 年，经过精密测量，何泽慧发现了正负电子弹性碰撞却没有被湮没这一极其少见的现象，即有近似于 S 形的径迹。英国《自然》杂志评价说这是一项难得的科学发现。

　　1943 年，德法之间恢复通信，何泽慧给在法国居里实验室工作的同学钱三强写信，委托他从法国给她父母写信代报平安。在战火硝烟中两人彼此牵挂，通信日渐频繁。因战时每次通信内容不能超过 25 个法文单词，两位年轻人的情书也异常简单。钱三强写道："经长期通信，向你提出结婚的请求。如同意，我将等你一同回国，请回信。"何泽慧回复："感谢你的爱情。我将对你永远忠诚。等我们见面后一同回国。"1946 年春天，钱三强和何泽慧在法国巴黎举行了简单的婚礼。

婚后，何泽慧受邀加入钱三强所在的居里实验室工作。1946年下半年，钱三强和何泽慧利用核乳胶发现了铀原子核在中子轰击下发生的三分裂现象，随后又发现铀四分裂现象。核三分裂现象大约在三百次反应中有可能出现一次，四分裂现象在上万次反应中可能出现两次，他们的重大发现是研究裂变动力学的重要依据，在国际上引起轰动。约里奥－居里说，这是二战后物理学领域有着特殊意义的发现。"中国的居里夫妇"这一说法也由此不胫而走。

　　1947年，法国国家科学研究中心聘请钱三强为研究导师，待遇相当优厚。但何泽慧夫妇始终没有忘记留学的初衷——"学习外国强项"就是为了改变祖国的落后面貌。1948年，夫妇俩毅然舍弃优厚的待遇和先进的实验条件，带着不满半岁的女儿回到阔别已久的祖国。回国前，他们从小居里夫妇处得到了核数据以及一些稀缺的放射源和放射性材料。小居里夫人勉励他们：读书人要为科学服务，科学要为人民服务。

回国后，何泽慧就职于北平研究院原子学研究所，在清华任职的钱三强兼任该所所长。当时研究所一共只有三名研究人员，实验室环堵萧然，一穷二白，中国的原子能事业就是这样起步的。当时，何泽慧骑着自行车跑遍了北京的大街小巷、旧货摊点，到处收集实验室设备零部件、绘图纸，亲自动手拆卸、组装，制作了很多简单实用的实验仪器。"修旧利废，物尽其用"是何泽慧一直推崇的原则。她曾说过，评估科研成果要用花过的钱除一下，看看科研成果的价值是多少。

　　中华人民共和国成立初期，何泽慧等一批优秀的科学家自力更生，艰苦奋斗，投身改变工业落后面貌的建设洪流中。1950年5月，中国科学院近代物理研究所成立，吴有训、钱三强、王淦昌、何泽慧、彭桓武、邓稼先等一批优秀科技工作者汇聚于此，可谓俊采星驰。随着研究工作的展开，到1952年进一步明确了以原子核物理研究为中心，充分发展放射化学的办所方向。

何泽慧他们的工作要从最基础的探测仪器制造和研究开始。

1952年底，粒子固体径迹探测器——核乳胶的制备提上日程。何泽慧主张"要用简单的设备做出有意义的结果"，她的助手至今仍记得当年何泽慧手持自制的底部近似W形的玻璃棒搅拌明胶的场景。1956年，中国的核乳胶在简陋的暗房中研制成功，主要性能指标比肩英国伊尔福C-2乳胶，这项工作获得了我国首届国家自然科学奖三等奖。1957年，在何泽慧等科学家的努力下，我国又进一步研制成功电子灵敏核乳胶。

1955 年 1 月，党中央决定集智攻关，研制核武器。同年 10 月，在周恩来总理的关怀下，钱三强、何泽慧等一批科学家到苏联热工实验室实地考察学习，为我国"一堆一器"（重水反应堆和回旋加速器）等项目的建设作准备。1956 年，拥有"一堆一器"的原子能研究所在北京房山坨里山区兴建；随后，何泽慧、钱三强创建中子物理室，即二室。从 1959 年到 1964 年，何泽慧一直担任二室主任。二室的创建使核武器研制、试验有了稳定的后方根据地。

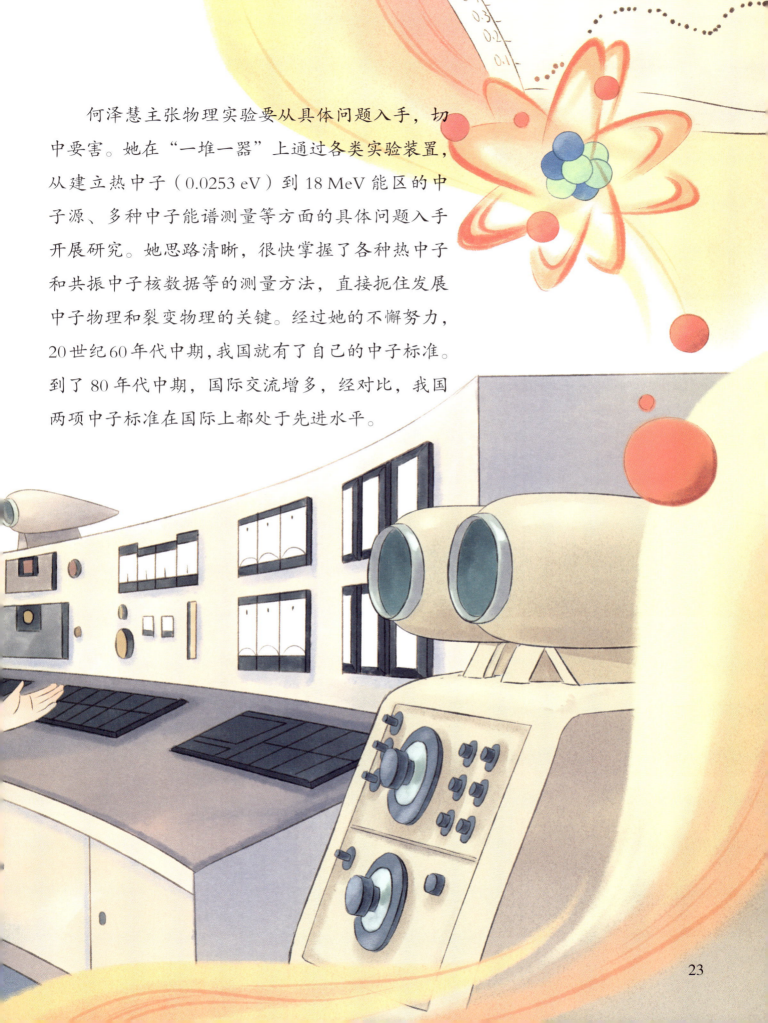

　　何泽慧主张物理实验要从具体问题入手，切中要害。她在"一堆一器"上通过各类实验装置，从建立热中子（0.0253 eV）到 18 MeV 能区的中子源、多种中子能谱测量等方面的具体问题入手开展研究。她思路清晰，很快掌握了各种热中子和共振中子核数据等的测量方法，直接扼住发展中子物理和裂变物理的关键。经过她的不懈努力，20 世纪 60 年代中期，我国就有了自己的中子标准。到了 80 年代中期，国际交流增多，经对比，我国两项中子标准在国际上都处于先进水平。

　　何泽慧白天指导科研工作，晚上阅读外文资料、追踪学术前沿，她办公室的灯光很少会在夜里两点前熄灭。家中年幼的儿女主要由保姆照顾，周末和节假日她也很难和儿女团聚。但不管多忙，何泽慧都没有放松对孩子的要求。虽然陪伴孩子的时间不多，但是她热爱科学、孜孜以求的科学品质影响着孩子，三个孩子都学有所成。九所成立后，她兼任中子点火委员会委员，负责一项急难险重的任务，即原子弹起爆的点火中子源的研制，它是引爆核弹链式反应的引信。

何泽慧指导下的工作人员秉承二室"立足常规，着眼新奇"的原则，为核武器研制提供了一系列关键数据、测试设备及测试方法。1959年，王方定小组负责寻找合适的材料来制作点火中子源，何泽慧把二室的一间实验室腾出来给他们使用。在何泽慧的指导下，王方定小组进行了几百次常规试验，最后甄选出两种物质化合。在加热膨胀的过程中，王方定敏锐地捕捉到了稍纵即逝的新奇现象，他们终于找到了制造点火装置的关键！1963年，点火中子源研制成功。

研制原子弹是惊天动地的大事件，实验室数据测试要走在前面，这样才能给核武器设计提供重要参数。例如，铀 −235 热中子裂变截面至关重要，何泽慧创新实验方法，用载铀、载硼原子乳胶和晶体谱仪所给出的单能热中子束测出其精确数值，使原子弹设计少走了不少弯路，其数值至今仍与国际推荐的一致。二室数据的权威性得到广泛认可，张孝泽这位资深的蒙特卡罗法专家曾说，我们的蒙特卡罗法计算结果基本对标二室测量结果，一旦数值有了差别，那一定是我们出了错。

1960 年底，二室成立代号为"乙项任务"的 470 轻核反应组，黄祖洽和于敏分别为正副组长，开始为氢弹研制作准备。1965 年，邓稼先查阅到氚－锂同位素反应截面数值，他和王淦昌、彭桓武都觉得这个数值需要进一步验证。刘西尧副部长将测试截面的"35#任务"紧急下达给原子能研究所，何泽慧受命出任总指挥，集中精兵强将成立突击队。一般这类测量实验都要两三年才能完成，而何泽慧团队只用了不到半年时间就完成了六个反应道截面的测量任务，大大加快了氢弹的研制进程。

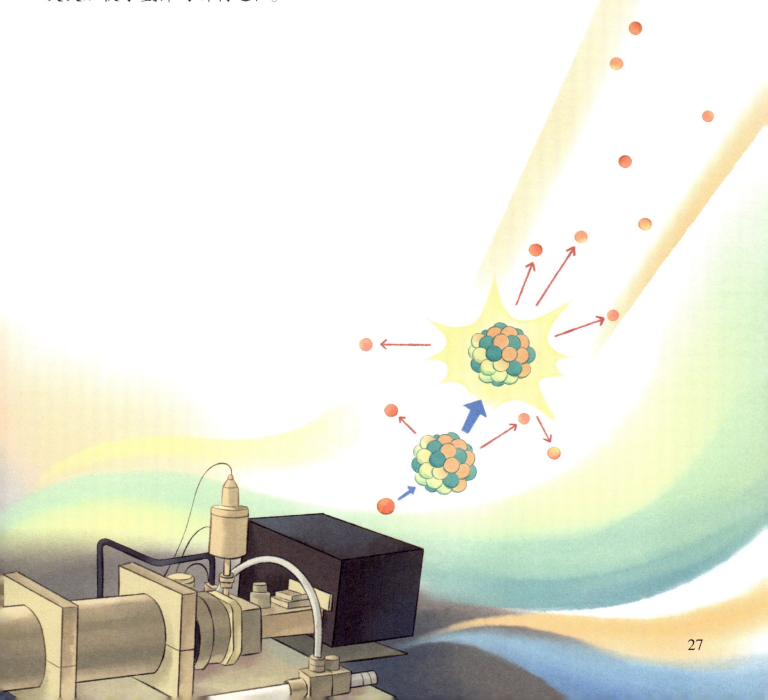

核武器研制需要多部门协同攻关，更需要跨学科融合创新。核武器局刚成立时，科研人员多为刚毕业的大学生，他们中很多人都到过二室的 27 组和 28 组接受培训，何泽慧总会亲临现场指导他们学习。多位为核弹研制作出卓越贡献的科学家都与二室有着深厚的渊源，如朱光亚曾是二室的副主任，陆祖荫曾是二室的学术秘书，被誉为"中国氢弹之父"的于敏是二室的"理论家"。正是有一大批像何泽慧这样的科学家，把个人理想自觉融入国家发展进程中，才构建了团结协作的核物理科研格局。

　　二室是个特别能吃苦、特别能攻关的卓越科研团队，其辉煌成就的背后离不开何泽慧多年来对原子能创新拔尖人才的培养。读书时的何泽慧天资聪颖，一心向学，又得名师真传；工作后的她踏实勤勉，才思敏捷，逐渐形成自己独具特色的研究风格。张焕乔曾回忆说，何泽慧深谙人才成长之道，1956 年他刚到二室时，何泽慧就提醒他不要只顾眼前的中子截面测量任务，要盯住物理学前沿性和交叉性科研领域，加强中子衍射方面的学习，这为他日后进行中子晶体谱仪的研究打好了基础。

　　1960年，"大跃进"运动的浪潮影响到科研领域，年轻人工作热情高涨，都想又多又快地出成绩。何泽慧看到这种苗头，专门组织二室年轻人学习巴甫洛夫写给青年科技人员的信，还在百忙之中与陆祖荫合作翻译德国物理学家博特《对青年物理学家的忠告》一文，让年轻人阅读，交流心得体会，引导青年科学工作者静心笃志，力戒浮躁，要求每一名工作人员都要从调研入手，踏实做好记录，加强基础研究成果的积累，并反复强调"立足常规，着眼新奇"。

在 20 世纪 60 年代初，二室还发生过一件令人难忘的事。有一天，何泽慧组织了一次业务考试，要求全员参加。由于事前没有通知，大家都毫无准备，研究室里的气氛顿时紧张起来。考试成绩虽不公布，成绩也不和工作考评挂钩，但会将结果通知个人，告知他存在的不足和短板，再由何泽慧帮助制定学习计划。何泽慧这种求真务实的态度对二室产生了深刻影响，此后，二室的科研氛围愈加浓厚，年轻人更加脚踏实地、互帮互学、共同进步。

何泽慧旗帜鲜明地反对崇洋媚外、一切向"钱"看，提倡多做开创性工作。她经常鼓励年轻人要拿出勇气大胆尝试，不要怕出错，要敢于坚持新观点。1959年，巩玲华想到一个很新颖的方法，用以提高飞行谱仪的分辨率，何泽慧非常支持，让他们大胆实验。这次实验失败了，何泽慧非但没有怪罪年轻人，还主动承担了责任。古罗马哲学家塞内加说过，"教诲是条漫长的道路，榜样是条捷径"，何泽慧这份躬身入局、挺膺负责的担当，为年轻人树立了榜样。

黄胜年和顾以藩都曾谈到，何泽慧会认真审阅他们的每篇论文，仔细询问每一处可能产生误差的细节。王豫生也感慨，他的一篇小论文，先后改了十一遍才通过何泽慧那一关。张焕乔回忆说，有一次他的实验需要德文资料，何泽慧便不厌其烦地把全文详细地讲解给他听。有人统计过，1959—1966年二室公开发表的成果中，何泽慧直接指导的有21项，但她坚决不在论文上署名。何泽慧这种甘为人梯、奖掖后学的精神，感动了无数后辈。

　　1964 年，何泽慧就任原子能研究所副所长。她了解所里每一位科技人员的工作，并不辞辛苦亲自指导。何泽慧传递给青年科技工作者的不仅仅是知识、方法，更是严谨的科学态度。在何泽慧的悉心指导下，张焕乔、黄胜年、丁大钊等一大批创新拔尖人才迅速成长起来，他们先后完成了对平均裂变截面、裂变产物的产额、核爆指示剂的中子反应道截面、原子弹燃料金属铀的本底中子等的精确测量，为加快原子弹、氢弹研制提供了理论和实验数据支撑。

　　1966 年"文化大革命"开始后，钱三强和何泽慧夫妻被迫停止科研工作。1969 年，他们被安排到陕西合阳的"五七干校"参加劳动。虽身处逆境，但夫妻二人相互扶持，仍保持乐观的心态。从围绕重水反应堆和回旋加速器做研究到围着农家场院转，从测量中子通量到敲钟烧水，何泽慧始终秉持着科学严谨的工作态度，看场院时不停巡逻，连麻雀也难以接近；敲钟时，钟点把握得分秒不差，大家都以她的敲钟声为准给钟表对时。

　　1970年3月下旬的某天凌晨，何泽慧偶然抬头发现了东北方向有一颗彗星，拖着长长的彗尾在青色的天幕上移动，她高兴地把这件事告诉了钱三强。此后的两三周，他们二人每天凌晨起来，一起仰望星空，以肉眼可见的北斗星座和仙后座对彗星进行定位，并在台历上把观测结果和推算数据记下来，后来证实这颗彗星是南非天文学家贝内特早他们三个月用天文望远镜发现的新星。凌晨，在空旷静谧的山村，灿烂星空下，科学伉俪演绎着别样的浪漫。

1973 年，何泽慧担任高能物理研究所副所长。当时"文化大革命"还没有结束，科学研究秩序也没有完全恢复，钱三强还不能正常进行科研工作。何泽慧理解他焦虑的心情，与他一起回顾原子能的发展历程，最后整理成大约 1.8 万字的《原子能发现史话》。

　　1975年，钱三强被批准回到中国科学院工作。在中国科学院"百家争鸣"座谈会上，他不禁热泪盈眶，从1969年到"五七干校"参加劳动至今，他终于可以正常工作了。夫妻二人迎来科学的春天，继续并肩作战。

　　何泽慧一直支持前沿性和交叉性科研领域的研究。当时，有相当一部分人热衷于搞"高大上"的高能加速器，何泽慧对此则有清醒的认识。她说，大自然给我们提供了天然的宇宙线，短时期内在高能加速器中很难得到宇宙线中的超高能粒子，利用高空气球作为运载工具对宇宙线进行研究，具有灵活、实用、高效、省时、节约的优势。当有些人提出高能物理研究所不应搞天体物理时，"何（核）保护伞"顶住压力，力排众议，该所最终发展起高空科学气球系统、空间硬 X 射线探测技术及其他配套技术。

　　1980 年，何泽慧当选中国科学院学部委员（1994 年改称"院士"）。1984 年，已经七十岁的何泽慧卸任高能物理研究所副所长一职，至此，她为高能物理研究所培养了两代学术带头人和业务骨干。1991 年，年近八十的何泽慧仍然坚持天天上班，并于 1997 年获得何梁何利基金科学与技术进步奖。90 岁生日时，她的同学王大珩送她一首诗："春光明媚日初起，背着书包上班去。尊询大娘年几许，九十高龄有童趣。"诗中塑造的何泽慧形象生动，是中关村人记忆里最美的画面。

何泽慧一生与核乳胶结缘。她倡议在海拔 5500 米的西藏岗巴拉山建立世界上海拔最高的高山乳胶室，支持在珠穆朗玛峰 6500 米处放置海拔最高核乳胶观测宇宙线实验，支持在返回式卫星上用核乳胶观测星空间粒子环境的一系列实验……到了 20 世纪 90 年代，高能物理研究所核乳胶组面临解散的命运，她积极为其寻找出路。2004 年 6 月 7 日，90 岁高龄的何泽慧乘坐硬卧连夜赶赴山西师范大学，步行上位于六楼的实验室，亲自布置核乳胶转移研制事项。

　　1992 年 6 月 28 日钱三强病逝，享年 79 岁。何泽慧与钱三强相濡以沫四十余年，在那些不平凡的岁月里，他们共担寒流、风雷，共享雾霭、流岚，他们的工作紧紧扎根于祖国大地，科技成就交相辉映。何泽慧将这份沉甸甸的爱珍藏在心底，把思念寄托在他们生活了几十年的老房子上，家里布局摆设一如钱三强生前。1999 年，何泽慧与儿子钱思进以及钱三强生前好友彭桓武站在钱三强墓前，郑重宣读了"两弹一星"功勋奖章授勋词，何泽慧望着金灿灿的奖章，抚今追昔，热泪盈眶。

何泽慧是我国著名核物理学家、高能物理学家、"中国的居里夫人"、世界级科学巨匠，握瑾怀瑜，誉满天下；她也是那个绾着简单的发髻，穿着洗得发白的工作服，背着破旧的背包，坐班车去上班的老奶奶，朴实无华、童趣可掬。

　　她曾说，作为一名科学家，本来就应该朴素、真实、勤奋、诚实、讲真话。我只是做了应该做的事情而已，只不过比别人做得踏实了些、认真了些、刻苦了些。这些话看似轻描淡写，却是妙言要道。

　　2011 年 6 月 20 日，何泽慧与世长辞，享年 97 岁。《易经》中说"劳而不伐，有功而不德，厚之至也"，何泽慧正是这样虚怀若谷的人。2017 年，中国第一颗 X 射线天文卫星被命名为"慧眼"，以此纪念何泽慧对高能天体物理的奠基之功。而国际天文学联合会已于 2003 年将 25240 号小行星命名为"钱三强星"，夫妻"双星"，相映生辉。

　　遥望灿烂星河，"慧眼"和"钱三强星"闪耀的星光，照亮了爱国、创新、求实、奉献、协同、育人的科学家精神，激励着一代又一代的科技工作者接续奋斗！

注释

核乳胶：用特制的照相乳胶制成的能记录单个带电粒子径迹的探测器，是研究粒子物理和高空宇宙射线的重要工具。

核裂变物理学：一门研究重核的裂变和裂变机制的科学，是原子核物理学中的一个分支。1932 年，英国物理家查德威克发现了中子。随后，科学家们用中子轰击铀原子核时发现了裂变现象，从而开创了对裂变物理的研究。

中子源：能够产生中子的装置，进行中子核反应、中子衍射等中子物理实验的必要设备，包括同位素中子源、加速器中子源和反应堆中子源。中子源有很多种，包括手持放射性源、中子研究设施的研究堆和裂变源等。

裂变产物的产额：每次裂变生成某一特定原子核的概率。有独立裂变产额和累计裂变产额之分。前者指裂变反应直接生成特定原子核的概率，后者指特定原子核的总衰变产额，除计入独立产额外，还包括质量链中母体 β 衰变的贡献。

中子衍射：通常指德布罗意波长为 $10^{-10} \sim 10^{-9}$ m 的中子（热中子）通过晶态物质时发生的布拉格衍射。目前，中子衍射方法是研究物质结构的重要手段之一。

热中子（0.0253 eV）到 18 MeV 能区的中子源：中子按能量可大致分为慢中子（<1 keV）、中能中子（1 ~ 100 keV）、快中子（0.1 ~ 20 MeV），能量 0.0253 eV 的中子通常称为"热中子"，这种中子与室温下周围介质大量的分子处于热平衡状态，即它的能量相当于周围介质分子热运动的能量。

裂变截面：原子发生裂变反应的截面，是核燃料循环的一个重要参数。

何泽慧的家族

何泽慧祖籍山西灵石。明清时期，灵石何氏是科举望族，据当地县志记载，清朝时，何家进士 15 人、举人 29 人，9 人入选翰林院，"无何不开科"的说法在当地广为流传。何泽慧的父亲何澄是山西首批留日学生，1905 年加入中国同盟会，1911 年武昌起义之际，他在上海响应。后退出军政界，定居苏州，专心实业。北伐战争时何澄在国民革命军总司令部担任高等顾问。

何泽慧母亲的家族也为名门望族。外祖父王颂蔚是清朝进士、蔡元培的恩师、苏州三大才子之一；外祖母王谢长达是著名女权主义者、教育家、妇女活动家，创办了振华女校；母亲王季山是物理学翻译家。

何泽慧的家族是典型的科学家族。

何泽慧的丈夫钱三强是著名核物理学家，"两弹一星"功勋奖章获得者。

她的姐姐何怡贞是著名金属物理学家；她的哥哥何泽明是钢铁工业机械工程师；她的弟弟何泽涌是在细胞学、解剖学领域颇有建树的医学家；她的妹妹何泽瑛是植物学家；她的弟弟何泽源、何泽诚、何泽庆分别是纺织工程师、高级物理勘探工程师、地球物理学家。

何泽慧的三个儿女在各自的学术领域也都颇有建树。

这个科学大家族，目前已有六位中国科学院院士，他们是钱三强、何泽慧、何泽慧的姐夫葛庭燧、表哥王守武、表哥王守觉、表姐夫陆学善。一门六院士，是当之无愧的百年科学家族。

网师园与两渡书屋

何澄退出军政界后，到苏州定居，他在妻子本家的"怀厚堂"附近、五龙堂之北购地建造"灵石何寓"。两渡书屋是灵石何寓院内最早盖起的一幢房屋，为日式建筑。1920 年前后，何澄又造了一幢两层的西式洋房（今苏州南园宾馆院内），因曾收藏有桂馥手书"灌木楼"匾一块，故将其命名为"灌木楼"。1940 年，何澄尽其积蓄，加上卖掉北京的宅子所得，购买网师园，并用时 3 年修缮整饬。

何澄是书画、文物鉴赏家和收藏家，在网师园内收藏了大量珍贵文物。1937 年日军侵略者入侵苏州，何澄将收藏的文物藏在两渡书屋天花板上的小阁楼内，使大批文物免于战火。20 世纪 50 年代，在对两渡书屋和灌木楼修缮时，这 1000 多件文物才重新为世人所见。随后，何澄的 8 位子女按照何澄遗愿，将网师园及 1000 多件文物捐给国家。权威人士称，这批文物"数量之多、质量之高，罕有其匹"。

1980 年，美国纽约大都会艺术博物馆仿网师园内的殿春簃建了一座古典庭院"明轩"，网师园名播海外。1982 年，网师园被列为全国重点文物保护单位。1997 年，网师园作为苏州古典园林之一，被联合国教科文组织列入《世界遗产名录》。

1936年何泽慧的清华大学毕业照（前排右二是何泽慧，后排左一是钱三强）

1946年何泽慧与钱三强在法国研究铀三分裂、四分裂现象

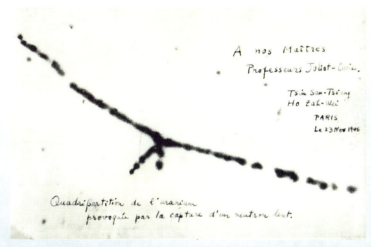

1946年显示铀四分裂的胶片，有何泽慧与钱三强的题字"献给我们的导师约里奥－居里夫妇"

1948年何泽慧、钱三强与女儿在归国邮轮上

何泽慧与钱三强一起研究学术问题

2000年何泽慧在酒泉卫星发射中心

张晓凤，笔名元吉，儿童文学作家，通辽第五中学高级教师，内蒙古民族大学研究生院兼职导师。长期从事科学家传记研究、写作工作，代表作品有《"两弹"元勋邓稼先》《中国氢弹之父于敏》《核物理学家何泽慧》等，部分作品入选中华全国妇女联合会"全国家庭亲子阅读推荐书目"。

桃染，资深插画师，毕业于广州美术学院中国画系，目前主要为童书与杂志绘制插画。绘制的代表作品有《杂交水稻之父袁隆平》《运河少年》《追光的孩子》《梨树湾的米秀》《镉瓷》《城南旧事》等。

共和国科学英才

铭记科学家奋斗史
弘扬爱国主义精神
坚定报效国家志向

◆ "共和国科学英才"丛书入选"科学家（精神）进校园行动"推荐目录

◆ 《大地之子黄大年》获第二十八届中国西部地区优秀科技图书一等奖

◆ 《大地之子黄大年》入选国家新闻出版署《2020年农家书屋重点出版物推荐目录》

◆ 《"两弹"元勋邓稼先》《杂交水稻之父袁隆平》入选中华全国妇女联合会《2020年全国家庭亲子
阅读推荐书目》

◆ 《大地之子黄大年》获2020年广西十佳科普读物大赛优秀奖

◆ 《大地之子黄大年》入选2019年"少年中国－海淀未来科技公民科技书目发布及阅读推广活动"
图书类优秀作品推荐书目

◆ 《杂交水稻之父袁隆平》入选教育部《2019年全国中小学图书馆（室）推荐书目》

◆ 《大地之子黄大年》入选2018年广西当代文学艺术创作工程三年规划第一批重点项目

◆ 《"两弹"元勋邓稼先》《杂交水稻之父袁隆平》入选2018年广西新闻出版广电局精品出版项目